Querigma

A partir do documento da CNBB n. 107

Conheça também:

Itinerários

NÚCLEO DE CATEQUESE PAULINAS

Paróquia, casa da iniciação à vida cristã

A partir do documento da CNBB n. 107

VICENTE FRISULLO

Espiritualidade e missão do catequista

A partir do documento da CNBB n. 107

NÚCLEO DE CATEQUESE PAULINAS

Mistagogia

A partir do documento da CNBB n. 107

NÚCLEO DE CATEQUESE PAULINAS

Querigma

A partir do documento da CNBB n. 107

NÚCLEO DE CATEQUESE PAULINAS

Querigma

A partir do documento da CNBB n. 107

Dados Internacionais de Catalogação na Publicação (CIP)
(Câmara Brasileira do Livro, SP, Brasil)

> Querigma : a partir do documento da CNBB n. 107 / Núcleo de Catequese Paulinas - NUCAP. -- São Paulo : Paulinas, 2018. -- (Itinerários)
>
> ISBN 978-85-356-4457-9
>
> 1. Catequese - Igreja Católica 2. Cristianismo 3. Educação cristã 4. Evangelização 5. Querigma 6. Vida cristã I. Núcleo de Catequese Paulinas - NUCAP. II. Série.
>
> 18-19704   CDD-261.2

Índice para catálogo sistemático:

1. Querigma : Iniciação cristã : Cristianismo   261.2

Cibele Maria Dias - Bibliotecária - CRB-8/9427

1ª edição – 2018
1ª reimpressão – 2019

Direção-geral: *Flávia Reginatto*
Editores responsáveis: *Vera Ivanise Bombonatto*
Antonio Francisco Lelo
Copidesque: *Mônica Elaine G. S. da Costa*
Coordenação de revisão: *Marina Mendonça*
Revisão: *Ana Cecilia Mari*
Ilustrações: *Rodval Matias*
Produção de arte: *Tiago Filu*
Gerente de produção: *Felício Calegaro Neto*

Nenhuma parte desta obra poderá ser reproduzida ou transmitida por qualquer forma e/ou quaisquer meios (eletrônico ou mecânico, incluindo fotocópia e gravação) ou arquivada em qualquer sistema de banco de dados sem permissão escrita da Editora. Direitos reservados.

Paulinas
Rua Dona Inácia Uchoa, 62
04110-020 — São Paulo — SP (Brasil)
Tel.: (11) 2125-3500
http://www.paulinas.com.br
editora@paulinas.com.br
Telemarketing e SAC: 0800-7010081
© Pia Sociedade Filhas de São Paulo — São Paulo, 2018

SUMÁRIO

INTRODUÇÃO 7

PARTIR DA FÉ 11
   Tempos de pluralismo 13

IGREJA QUERIGMÁTICA E MISSIONÁRIA 17
   Acolher 20
   Visitar 23

IR AO ENCONTRO 29
   Experiência de Deus 29
   Encontro 31
   Escutar, dialogar 33

ANUNCIAR A BOA-NOVA 37
   O mistério de Cristo 38
   Memorial da salvação 41
   Centrar-se na mensagem das leituras 46

CONVERTER O CORAÇÃO 49

INICIAÇÃO CRISTÃ E QUERIGMA 55
   Atitudes do introdutor ao longo do acompanhamento 58

TESTEMUNHO DE UM PAPA 61

INTRODUÇÃO

Tratar sobre o primeiro anúncio significa, antes de tudo, retornar a nossa mais profunda experiência de fé, aquela convicção fundamental que nos guia internamente e nos mantém firmes durante o sofrimento e nos grandes momentos da vida.

Este trabalho quer convidá-lo(a) a compartilhar sua experiência de amizade com o Senhor, sua alegria por tê-lo encontrado, mas, para isso acontecer, será preciso sair ao encontro do irmão que sofre ou daquele afastado, provocar o diálogo e ter disposição para ouvi-lo.

Vale a pena anunciar a Palavra, diz-nos o profeta Isaías 52,7: "Que beleza, pelas montanhas, os passos de quem traz boas-novas, daquele que traz a notícia da paz, que vem anunciar a felicidade, noticiar a salvação, dizendo a Sião: 'Teu Deus começou a reinar!'". Ou o Salmo 119,105: "Lâmpada para meus passos é tua palavra e luz no meu caminho".

Ao ler estas páginas, sinta-se diante da pessoa do Senhor que estende as mãos para você e o(a) envia em missão. Dentro de você haverá somente uma convicção: "o Senhor está comigo, nada temo!". E também considere o encontro de Jesus com a Samaritana, com o que ele sugere: a sede, o poço, a atenção de Jesus, a água viva, o diálogo franco, a revelação de sua pessoa... Com estes sinais, vamos, então, enfrentar o desafio de anunciar o Senhor.

O querigma apresenta a História da Salvação centrada em Cristo Jesus e em seu mistério pascal. Tem como fonte básica o Evangelho e, como meta, a fé e a conversão dos ouvintes, com a aceitação de Cristo morto e ressuscitado. Este foi o núcleo da pregação de Pedro, Estêvão e Paulo no Novo Testamento. Todos os cristãos podem realizar o querigma nos ambientes familiares, escolares, missionários, ou pelos meios de comunicação.

Vamos tomar como referência o Documento n. 107 da CNBB, *Iniciação à vida cristã: itinerário para formar discípulos missionários*,[1] para seguir o caminho abaixo.

É preciso situar o anúncio de Jesus a partir do modo como a maioria das pessoas entende e vive a fé. Encontramos aquelas pessoas com pouca evangelização que se apegam a algumas práticas devocionais e creem profundamente em Deus. Por outro lado, também há aquelas indiferentes à fé ou extasiadas pela teologia da prosperidade. O primeiro capítulo analisa estas situações.

O segundo capítulo, conforme o documento prevê, traça o perfil da Igreja querigmática e com abertura missionária. Por isso, a metodologia do pré-catecumenato da iniciação cristã dos adultos – acolher, visitar e anunciar – se estende a todos os agentes paroquiais, não se restringindo unicamente aos catequistas. Urge a passagem de uma paróquia que realiza a iniciação cristã para uma paróquia que seja toda ela iniciática.

O terceiro capítulo destaca a ação do agente que vai ao encontro, acolhe e escuta atentamente a pessoa, estabelece o diálogo e valoriza sua experiência de fé. Sabe ligar a situação que o outro está passando com o plano salvador de Deus.

O quarto capítulo apresenta a eficácia da mensagem como memorial das ações de Jesus Cristo realizadas na força do Espírito Santo. O agente anuncia claramente Jesus Cristo, vai direto ao essencial da fé, apresenta o amor salvífico de Deus como prévio à obrigação moral e religiosa e destaca as promessas de graça que o texto declara.

O quinto capítulo põe à luz a única condição para a Palavra brotar e crescer: o coração contrito e humilde daquele que acolhe

---

[1] CNBB. *Iniciação à vida cristã*: itinerário para formar discípulos missionários. Brasília: Edições CNBB, 2017. (Documentos da CNBB 107).

livremente a mensagem, a põe em prática e volta para a comunidade cristã. Neste ponto, conta muito o testemunho de fé de quem anuncia.

O sexto capítulo trata do querigma relacionado ao processo da iniciação cristã. Os capítulos anteriores servirão de base para articular o pré-catecumenato dos adultos e identificar o papel do introdutor nesse processo. Lembremo-nos de que todas estas atitudes que acompanham o querigma se aplicam, em sua medida, na catequese por idades.

A prática do primeiro anúncio na pastoral paroquial tornará a comunidade missionária mais sensível ao sofrimento das pessoas, especialmente dos pobres, e em busca dos batizados que se afastaram da fé ou que nunca foram evangelizados de verdade. Saberá individualizar cada situação e personaliza-lhe as tratativas.

Que estas páginas façam vibrar seu coração e que, assim como ocorreu com a Samaritana (cf. Jo 4,39), muitos possam crer por conta do seu anúncio e testemunho!

PARTIR DA FÉ

Querigma (pregão, anúncio), palavra originária do grego *kerissein*, que quer dizer: "proclamar, gritar, anunciar", está relacionada ao Evangelho em seu sentido etimológico de boa notícia. É a dimensão mais missionária da pregação como realização pessoal da salvação de Deus.

O anúncio feito pelos apóstolos é a primeira proclamação da Boa-Nova do acontecimento Jesus de Nazaré, realizado na força do Espírito Santo, e está baseado no testemunho pessoal deles. Esse anúncio tem como objetivo suscitar a fé e a conversão a Cristo.

No livro dos Atos dos Apóstolos (2,14-36; 3,12-26; 10,37-43; 13,16-47) e nas cartas de São Paulo (por exemplo: 1Cor 15,3-5), encontramos o primeiro anúncio que Pedro e Paulo dirigiram aos ouvintes em sua pregação. Esse anúncio fundamental da fé é chamado de querigma: "é o primeiro em sentido qualitativo, porque é o anúncio *principal* ao qual se deve voltar continuamente".[1]

Hoje em dia, pode nos parecer estranho propor aos outros o anúncio de Jesus Cristo, já que muitos de nós não fomos acostumados a afirmar explicitamente a fé. Vimos nossa fé crescer em família e com a participação na comunidade ao murmúrio das rezas, do canto das novenas e do barulho dos festejos. Vivíamos numa sociedade de maioria católica que não nos exigia uma adesão explícita a Cristo. Dessa forma, tivemos uma iniciação que nos possibilitou crer sem sobressaltos.

Durante um longo período da sua história, a Igreja se moveu em espaços culturais já moldados pelo cristianismo. Na formação de

---

[1] Ibid., n. 154.

nosso catolicismo, a transmissão da fé se fazia, principalmente, por meio da piedade popular. A fé encontrava expressão nas devoções aos santos, nas peregrinações, nas penitências e nas orações decoradas.[2]

Essa evangelização formou o vigoroso substrato da fé popular. Encontramos muitos cristãos que sabem pouca doutrina, expressam muitos sentimentos piedosos e participam ocasionalmente na comunidade; porém, guardam consigo uma consolidada referência de fé para enfrentar o dia a dia. "Com sua religiosidade característica [o povo] se agarra no imenso amor que Deus tem por eles e que lhes recorda permanentemente sua própria dignidade."[3] Citamos como exemplo as romarias que visitam frequentemente os santuários marianos ou aqueles dedicados ao Senhor Bom Jesus flagelado, e que sabem contemplar a Sexta-feira da Paixão.

Um Senhor dos Passos, vergado ao peso da cruz, rosto ensanguentado, cabeça coroada de espinhos, é a imagem da multidão dos famintos, dos desempregados, dos favelados, dos sem-teto, que formam um cinturão de miséria e de sofrimento em muitas de nossas cidades.

Diz-nos o Papa Francisco:

> Penso na fé firme das mães ao pé da cama do filho doente, que se agarram a um terço ainda que não saibam elencar os artigos do Credo; ou na carga imensa de esperança contida numa vela que se acende, numa casa humilde, para pedir ajuda a Maria, ou nos olhares de profundo amor a Cristo crucificado [...] são a manifestação de uma vida teologal animada pela ação do Espírito Santo, que foi derramado em nossos corações (cf. Rm 5,5).[4]

---

[2] Cf. ibid., nn. 2, 73, 44.

[3] *Documento de Aparecida*, n. 265. Ainda: "Nossos povos se identificam particularmente com o Cristo sofredor, olham-no, beijam-no ou tocam seus pés machucados, como se dissessem: Este é 'o que me amou e se entregou por mim' (Gl 2,20). Muitos deles golpeados, ignorados, despojados, não abaixam os braços".

[4] Exortação Apostólica *Evangelii Gaudium*. São Paulo: Paulinas, 2013. n. 125; cf. *Documento de Aparecida* (DAp), n. 261.

Não podemos menosprezar nossa experiência primeira que nasce no confronto de nossa fé com a dureza dos limites da vida, nem mesmo considerá-la como modo secundário da vida cristã, porque seria esquecer o primado da ação do Espírito e a iniciativa gratuita do amor de Deus.[5] Partamos deste sentimento de fé, de piedade e de devoção já latente em nosso povo para anunciarmos o Deus de Jesus Cristo.

Vamos considerar a sensibilidade de fé, a abertura religiosa, naturalmente presente nas pessoas que creem e ocasionalmente participam de romarias, festas de padroeiro, da Virgem, Semana Santa, féretros, sétimo dia... Com sinceridade, elas buscam, na fé, sentido de vida e solução para seus problemas. Tais sentimentos devem ser amplamente acolhidos e respeitados por aquele que anuncia. Nessa direção, o Documento n. 107 afirma: "Na Iniciação à Vida Cristã, a piedade mariana há de ser valorizada, reconhecendo em Nossa Senhora o modelo de fidelidade a Deus".[6]

Tempos de pluralismo

O *Documento de Aparecida* caracteriza o momento atual como "mudança de época".[7] Podemos constatar o impacto sobre a fé, vindo das grandes mudanças trazidas pela sociedade virtual. O mundo tornou-se uma aldeia e ficamos assombrados com as novas tecnologias que mudaram nossa maneira de viver e de nos relacionar. Essas transformações afetaram nossos critérios de compreensão de tempo e de espaço e os nossos valores mais profundos de vida, de família e de sociedade.[8]

---

[5] Cf. DAp, n. 263.
[6] CNBB. *Iniciação à vida cristã*, n. 150.
[7] DAp, n. 44.
[8] Cf. CNBB. *Iniciação à vida cristã*, n. 39.

O *pluralismo* presente em todas as esferas nos obriga a pensar de forma diferente, a sociedade perdeu o referencial de vida cristã e lidamos com aqueles batizados na infância que não tiveram o mínimo contato com a fé. Por isso, torna-se necessário, e ao mesmo tempo, incomum, anunciar Jesus e o seu Reino de maneira clara e decidida.

"A atual mudança de época exige que o anúncio de Jesus Cristo seja explicitado continuamente."[9] Não podemos pressupor o conhecimento mínimo da fé, ou mesmo que seja prontamente acolhida nos diferentes meios sociais. "O inquietante enfraquecimento das instituições cristãs move-nos a um processo de conversão pastoral e de aprendizagem. Essa interpelação representa uma verdadeira oportunidade para a transmissão da fé."[10]

O evangelizador terá todo empenho e coragem para anunciar explicitamente a vida, a missão e o destino de Jesus de Nazaré.[11] Até mesmo a família acabou perdendo sua função de formadora da fé, com capacidade de transmitir suas primeiras noções, as orações e a vivência dos valores cristãos. "A fragilidade dos vínculos familiares é uma marca de nossos tempos. [...] Vivemos o crescente perigo de que o individualismo exagerado desvirtue os laços familiares."[12]

O indivíduo se confronta com as muitas faces do pluralismo, diferentes formas de viver e pensar convivem em nossa cultura, desde o amplo leque de ideologias partidárias às múltiplas crenças religiosas. Esse pluralismo liberta as pessoas de normas fixas, mas também as desorienta pela perda das referências fundamentais e gera a fragmentação da vida e da cultura. A conjunção destes fatores poderá levar à falta de sentido da vida.

---

[9] Ibid., n. 75.
[10] Ibid., n. 2.
[11] Cf. ibid., n. 41.
[12] Ibid., n. 53a.

Mostra-se sempre mais urgente apresentar e cultivar a fé. Daí vem a nossa responsabilidade de compreender que o "Evangelho não mudou, mas mudaram os interlocutores. Mudaram os valores, os modelos, as alegrias e as esperanças, as tristezas e angústias dos homens e das mulheres de hoje".[13] Precisamos compreender o que se passa a nossa volta e perceber que o mesmo Evangelho é transmitido de maneira diferente de uma geração para outra.

Ao lado da sincera experiência de fé de muitas pessoas, a tradição cristã sofre o bombardeio de novas espiritualidades, ocasionando mudanças vertiginosas. Do indiferentismo de cristãos que não levam em conta o Batismo recebido, vamos até aqueles que se refugiam numa fé de sucessos e vitórias que promete uma prosperidade sem fim, ignorando a cruz de Cristo.

Crer é, sobretudo, aceitar a gratuidade da vida que nos vem de alguém capaz de dar plenitude e finalidade a ela. Essa plenitude vem muito mais na linha do sentido de existir do que propriamente de nos tornar invulneráveis e blindados diante da doença, da violência, da injustiça, dos sofrimentos, intempéries, acidentes, luto ou qualquer outra limitação humana. A fé nos plenifica porque nos coloca na companhia de Deus; a sua graça, ternura, compaixão e providência nos amparam e não nos deixam nunca nos sentirmos sós.

> Diante do pluralismo religioso e cultural, muitas pessoas procuram viver a fé cristã de modo privatizado, multiplicando devoções pessoais e espiritualidades intimistas. Contudo, mesmo que cada um possa ter um jeito pessoal de ser religioso, a fé não é um fato privado, uma concepção individualista, uma opinião subjetiva. É impossível crer sozinho.[14]

---

[13] Ibid., n. 51.
[14] Ibid., n. 225.

Devemos ter o cuidado de não privatizar a fé numa esfera intimista para resolver apenas um problema pessoal daquele momento. "A educação na fé supõe [...] discernimento na busca de Deus, presente na religiosidade popular, e condução de todas as nossas devoções e práticas religiosas ao Mistério Pascal."[15]

Assumir existencialmente o morrer e o ressuscitar com Cristo constituirá a orientação última das práticas devocionais e o eixo para o qual esta sempre deverá convergir. Coincidentemente, este é o ponto de partida do querigma. O Cristo morto e ressuscitado torna-se a referência definitiva da dinâmica cristã de morrer continuamente para o pecado e viver livremente a novidade do Reino até a eternidade.

---

[15] Ibid., n. 151.

IGREJA QUERIGMÁTICA E MISSIONÁRIA

Uma das grandes inovações do Documento da CNBB n. 107 é que a iniciação à vida cristã com inspiração catecumenal é tarefa de toda a comunidade cristã. O documento ressalta o protagonismo que assume a comunidade na formação dos novos cristãos. "Ela é responsável pelo rosto que a Igreja vai apresentar a quem dela se aproxima. [...] O processo de Iniciação à Vida Cristã requer a acolhida, o testemunho, a responsabilidade da comunidade."[1]

Chega-se a afirmar que "é a comunidade inteira que precisa se responsabilizar, transformando-se em 'Casa da Iniciação à Vida Cristã'".[2] Isso vem sendo afirmado desde 2011, quando a Conferência assumiu essa urgência em suas *Diretrizes Gerais da Ação Evangelizadora*: "Há necessidade de envolver a comunidade inteira no processo da Iniciação à Vida Cristã e na formação continuada dos fiéis".[3]

"O processo de conversão pastoral que temos diante de nós exige uma ação pastoral centrada num primeiro anúncio do essencial da fé, que chamamos de querigma. [...] Ele ocupa o centro da atividade evangelizadora e de toda iniciativa de renovação eclesial."[4]

O querigma é um dos pilares da catequese catecumenal e se situa mais propriamente no tempo do pré-catecumenato; porém, mais que um tempo, o querigma constitui o modo de fazer pastoral. Assim,

---

[1] Ibid., n. 106.
[2] Ibid., n. 50.
[3] Ibid., n. 75.
[4] Ibid., n. 59.

as características principais do tempo do pré-catecumenato, como priorizar e acolher os adultos afastados da comunidade, promover o encontro com Jesus, anunciar o querigma... se estenderão como a tônica de toda atividade da pastoral e se tornarão próprias da vida da comunidade.

O querigma supõe uma Igreja missionária que busca a pessoa afastada da fé. O Documento n. 107 aposta na inteligente *abertura missionária* que sabe ler a passagem de Deus na atual realidade e, por isso, anima o evangelizador a assumir atitudes inéditas em lugares fora do alcance da Igreja. "Não existe Iniciação sem abertura missionária [...] [sem] aproximar-se das pessoas e acolhê-las nas situações em que se encontram."[5]

O exemplo mais claro desse jeito de evangelizar vem do próprio Papa Francisco, que não se cansa de oferecer atitudes proféticas para sinalizar um rumo mais dialógico da Igreja com a sociedade: seu constante cuidado com os pobres, a preocupação com o essencial da mensagem cristã, a acolhida dos refugiados, seu estilo de vida sóbrio... O documento insiste nesta direção.

---

[5] Ibid., n. 157.

Jesus nos convida a sair, a escutar, a servir, num movimento de transformação missionária de nossa Igreja.[6] Essa atitude exige estarmos atentos aos sinais dos tempos. O processo é de escuta e atenção aos clamores do povo. Voltando-nos assim para a "Samaria" dos nossos dias, como fez Jesus, abrem-se novos espaços, livres, críticos, comunitários e fraternos, onde a fé cristã pode emergir, com uma renovada pertinência, na busca de mais humanidade e de melhor qualidade de vida, com um profetismo especial, que responda às necessidades da nossa realidade.[7]

O anúncio da salvação em Jesus Cristo se situa no tempo, o que implica a crítica sobre os atuais modelos opressivos que pesam sobre os pobres, e também nossa profunda conexão com o destino da sociedade. Ler os sinais dos tempos estimula o profetismo e a necessidade urgente da Palavra que combate o egoísmo e os padrões destruidores do ser humano.

O diálogo com a sociedade acena para a importância de analisarmos os fatos, as tendências e tudo o que a atualidade nos desafia para nos posicionarmos com uma fé que sabe escutar, acolher, valorizar e consolar o outro. "Um tal anúncio tem de se inserir no contexto vital do homem e dos povos que o recebem."[8] Ali, onde a vida é impedida de aflorar, torna-se o lugar próprio para anunciar a justiça e a novidade do Reino.

O Documento n. 107 retoma o consagrado princípio de "interação fé e vida que se expressa em conversão, mudança de vida e atitudes ético-sociais [...] em busca das respostas necessárias a situações existenciais e sociais".[9] Por isso, o evangelizador terá sempre à mão

---

[6] *Evangelii Gaudium*, nn. 19-49.
[7] CNBB. *Iniciação à vida cristã*, n. 51. Relacionados com o tema da Igreja em saída, encontramos também os nn. 52, 55, 141.
[8] Ibid., n. 108.
[9] Ibid., n. 135.

os dois livros: o da Palavra de Deus e o da vida, para assim lançar o olhar para as periferias existenciais de toda paróquia.

> Procure analisar: em sua paróquia, que situações, lugares e pessoas deverão ser alvo mais urgente do primeiro anúncio?

O Documento ainda, ao apresentar o belo subtítulo "a Igreja: uma comunidade querigmática e missionária", diz que esta comunidade anuncia a verdade fundamental, se volta para o essencial, favorece a verdadeira experiência de fé e promove o encontro pessoal e comunitário com Cristo.[10]

> A Igreja querigmática e missionária é uma Igreja peregrina, desinstalada, samaritana, misericordiosa. Tem o Evangelho no coração e nas mãos e acolhe quem está desnorteado, caminha com as pessoas em situações difíceis, cura feridas. Ela compreende que é tempo de permanecer vigilante e fixar-se no essencial da fé.[11]

Este é o rosto completo da Igreja que assume o querigma. Os traços do seu perfil são os mais atraentes e todos queremos fazer parte de uma comunidade solidária, fraterna, que cuida do outro e protege o mais fraco. Há a necessidade de toda a comunidade se envolver nesse processo. E, de acordo com seu pessoal e possibilidades, começará a se redirecionar para colocar o querigma no centro de sua prática.

Acolher

A paróquia irá priorizar, então, a pastoral da acolhida como espiritualidade primeira dos agentes, que terão o cuidado de receber bem

---

[10] Cf. ibid., nn. 107, 110.
[11] Ibid., n. 109.

as pessoas, de valorizar cada um que se aproxima, dar-lhe atenção, ouvir suas propostas e não o perder de vista. Uma paróquia tida como casa que acolhe adquire a feição de família, de comunidade com laços de amizade e de benquerença. Chegar a este ponto constitui um verdadeiro exercício de ascese e de doação para se aproximar do que nos é diferente e estranho. Acolher é bem mais do que constituir uma equipe de acolhida para as missas.

A acolhida se coloca como o elemento essencial para haver a abertura ao anúncio daquelas pessoas mais afastadas da Igreja. Tomar a sério a missão de ir ao encontro delas na situação em que se encontram requer a decisão de superar nossa estreita maneira de ver o mundo ou até mesmo a fé e de acolhê-las incondicionalmente. "Jesus formou discípulos e discípulas, instruindo-os com a sua original atitude de acolhida, de compreensão e de valorização das pessoas, principalmente, as marginalizadas."[12]

Se nos colocamos na posição daquelas pessoas que se aproximam de nossas comunidades ou, melhor ainda, daquelas a quem vamos ao encontro, necessariamente, a forma do encontro e da acolhida que lhes proporcionamos será decisiva para desenvolvermos o anúncio. Como acolhemos as pessoas é o que faz a diferença e determina como vão ser as coisas de agora em diante.

Para o agente, acolher significa ir ao encontro da situação do outro com a disposição de compreender seus pontos de vista, suas inquietações e dúvidas, e, sem julgamento prévio, fundamentalmente ouvi-lo. A solidariedade fica bem em todo momento e se manifesta pela nossa presença, cuidado e atenção. "Também hoje é preciso ir até às pessoas e dialogar, e, a partir de suas necessidades, apresentar-lhes Jesus Cristo."[13]

---

[12] Ibid., n. 40.
[13] Ibid., n. 154.

Quando acolhemos alguém, *não* o fazemos em nome pessoal ou por qualquer outro tipo de sentimento, mas unicamente em nome de Cristo e da Igreja. Lembremo-nos de que acolher bem já é o primeiro passo para anunciar o Evangelho, e as nossas atitudes são a porta de entrada para a fé de muitos cristãos afastados e arredios da Igreja.

Normalmente, as situações irregulares dos casais diante da Igreja é o que causa maior dificuldade para o retorno à comunidade. Neste ponto, é importante, sob a orientação do pároco, os agentes saberem como proceder no diálogo com pessoas nessas situações. A recente exortação do Papa Francisco, *Amoris Laetitia*, oferece uma visão atualizada sobre o assunto, propõe o discernimento do caso de cada família e recomenda a misericórdia e a acolhida pela comunidade. "É preciso perceber, com vontade de ajudar e não com desejo de julgar, o que, na vida de cada pessoa, gerou o afastamento."[14]

Nada justifica os preconceitos, as agressões e as exclusões dentro das comunidades. Mesmo que as pessoas se achem numa situação "irregular", é preciso encontrar uma solução. Tijolos servem para construir paredes, mas também servem para construir pontes... Nenhuma ovelha, mesmo aquela que apresenta problemas, pode ficar fora do rebanho!

Normalmente, os adultos que são alvos da iniciação cristã temem a burocracia de nossas paróquias. De nossa parte, procuremos ter bem clara nossa proposta de catequese e nos informar sobre os impedimentos de algumas situações. Mais que dificultar, nosso papel será de facilitar sem omitir. Muitos agentes se surpreenderão ao perceber que muitos pais e adultos não participam das missas ou da comunidade devido ao "medo", à insegurança que têm de, ao se aproximarem, ser excluídos ou rejeitados pelas irregularidades de suas vidas.

---

[14] Ibid., n. 163.

Visitar

A dimensão missionária nos leva a sair da zona de segurança, dispor de tempo para visitar os mais longínquos e priorizar os pobres. "A experiência de fé cristã se encontra hoje no [...] *processo de renascimento* de um modelo de Igreja pobre, com os pobres, em saída missionária para as periferias geográficas e existenciais."[15] O querigma se apoia no agente que vai ao encontro e dá o primeiro passo para que o Evangelho seja significativo na vida de cada vez mais pessoas.

> Importa valorizar o encontro pessoal, como caminho de evangelização. Nele se aprofundam laços de confiança e experiências de vida são partilhadas [...]. Através da visitação, do contato pessoal, contínuo e organizado, manifesta-se a iniciativa do discípulo missionário, que não espera a chegada do irmão ou irmã, mas vai ao encontro de cada um, de cada uma e de todos.[16]

A paróquia irá também priorizar a pastoral da visitação ao seguir o exemplo de Jesus, que se encarnou e veio, em pessoa, nos visitar. Fez-se humano para que nos tornemos divinos. Ele confiou o anúncio do Reino a seus 72 discípulos, que partiram dois a dois para anunciar (cf. Lc 10), ou por meio de Maria, que partiu para as montanhas para visitar sua prima Isabel, levando a alegre Boa-Notícia de Jesus.

O incansável apóstolo Paulo foi de cidade em cidade, empreendeu três grandes viagens no mundo conhecido da época, para fundar comunidades e organizar os ministros. Vamos, portanto, sair ao encontro das pessoas, das famílias, das comunidades para comunicar e

---

[15] Ibid., n. 52, citando *Evangelii Gaudium*, nn. 20-23.
[16] CNBB. *Diretrizes Gerais da Ação Evangelizadora da Igreja no Brasil – 2008-2010*. São Paulo: Paulinas, 2008. n. 117. (Documentos CNBB, n. 87).

partilhar o dom do encontro com Cristo, que plenificou nossas vidas de sentido, de verdade e amor, de alegria e esperança.

A visita se destina a todos. Contudo, em fidelidade ao Evangelho, no seguimento de Jesus Cristo, atenção especial deve ser dada aos sofredores: doentes, enlutados, prisioneiros e mais pobres. A lista inclui também os desanimados, os desesperançados, as casas de repouso de idosos, creches, escolas, universidades, abrigos, centros de tratamento de dependentes e de soropositivos.

Muitas paróquias adotaram a visita domiciliar na pastoral do Batismo. A família inscreve a criança e fica aguardando a visita dos agentes em sua casa. Esta tem o objetivo de fomentar a verdadeira amizade, a fé e o conhecimento da real situação da família.

A Igreja reconhece a missão própria dos leigos de evangelizar; nesta missão, *acolher, visitar e anunciar* são dimensões que independem da burocracia institucional e decorrem do compromisso batismal de comunicar o dom recebido. Por isso, nenhum batizado pode se sentir excluído de ir ao encontro do outro.

Para a paróquia se tornar casa da iniciação à vida cristã haverá que desenvolver um programa formativo para que visitar, acolher e anunciar se revistam de planejamento e metodologia, a fim de serem efetivos na pastoral da comunidade.

Quem propõe o querigma e como?

Anunciar o *querigma* implica comunicar a própria experiência de fé, posicionar-nos como pessoas de fé numa sociedade que duvida, questiona, põe à prova as convicções do missionário. Não se trata só de falar a verdade de fé; antes, se trata de apresentar um estilo de vida, uma postura, um modo de ser no mundo, em que demonstramos a fé na qual cremos, celebramos e estabelecemos relações com o próximo. "Por isso, de cada discípulo, na comunidade cristã, deve nascer o testemunho de uma experiência capaz de contagiar outros: 'O que vimos e ouvimos, o que as nossas mãos tocaram da Palavra de Vida [...] isso nós vos anunciamos' (1Jo 1,1)."[17]

"O Primeiro Anúncio é realizado por cristãos que fizeram a experiência do encontro com o Senhor e se tornaram discípulos missionários." Neste mesmo número 159, o Documento 107 é claro ao considerar que: "Todos os membros da comunidade são missionários", e ainda leva em conta que: "Não são pessoas prontas ou perfeitas no discipulado, mas são membros da comunidade que desejam que outros participem da alegria de seguir o caminho".

A iniciação à vida cristã tem a missão de anunciar o querigma com os passos subsequentes de aprofundamento da fé. Daí a necessidade de nos habituarmos a propor o querigma como uma

---

[17] CNBB. *Iniciação à vida cristã*, n. 155.

verdade assumida por experiência própria e, por isso mesmo, com a nossa máxima alegria de poder comunicá-la como graça e salvação. É preciso convicção para seguir crendo e testemunhando Cristo, pois "a opção religiosa é uma escolha pessoal. Já não é mais uma tradição herdada desde o núcleo familiar".[18] Realmente, demonstrar convictamente o que nos move interiormente faz a diferença numa sociedade que distingue o testemunho pessoal da propaganda interesseira.

"As formas do primeiro anúncio são múltiplas, podendo ser:

1. *narrativa* e *testemunhal* – quem anuncia Jesus Cristo narra sua própria história, mostra a força e a beleza da sua conversão, de modo tal que desperta, no ouvinte, uma abertura ao dom da fé;
2. *atraente* – quem anuncia, proclama a fé cristã de maneira, ao mesmo tempo, breve, inteligente e convincente, a exemplo do diácono Filipe (At 8,26-40);
3. *expositiva* – pode-se apoiar num texto da Sagrada Escritura, num catecismo, numa obra teológica, numa biografia de um santo, num filme, num livro, numa história de conversão ou em fatos da vida de hoje que mostrem como é bom crer;
4. *estética* – por meio da contemplação da natureza ou de uma obra de arte (pintura, escultura, música, cinema, teatro, poemas, parábolas do mundo moderno), pode-se estimular a busca de Deus;
5. *dialógica* – pelo intercâmbio entre pessoas, que, juntas, se interrogam sobre o sentido da vida e se esforçam para dar a razão de sua esperança; é possível despertar o interesse pela fé;

---

[18] Ibid., n. 7.

6. *litúrgica* – celebrações da Eucaristia, do Batismo, do Matrimônio, das Exéquias, frequentadas muitas vezes por pessoas afastadas da fé, podem ser oportunidades para aproximá-las da comunidade;
7. *caritativa* – o contato com os pobres, os excluídos e os sofredores pode facilitar uma experiência da misericórdia de Jesus Cristo e o engajamento pela transformação social."[19]

---

[19] Ibid., n. 158.

IR AO ENCONTRO

As práticas do anúncio, da acolhida e da visitação, tomadas como pilares da evangelização paroquial de ir ao encontro do outro, requerem a atenção do evangelizador para discernir a experiência de Deus na história do indivíduo e mediar o encontro da pessoa com Jesus, por meio da escuta atenta e do diálogo paciente.

Experiência de Deus

O Documento n. 107 parte do sentido da vida, das perguntas fundamentais que o ser humano faz para identificar o lugar da fé na vida pessoal e dar acesso ao anúncio. Não é possível compreender a vida somente pelos olhos do consumo, da comunicação virtual ou da tecnologia. A vida é mais que satisfazer as necessidades de comprar, vender, ir ao médico e à escola, pagar contas, economizar...

> Vivemos à procura de respostas sobre a vida, seu sentido e, no fundo, sobre nós mesmos. Podemos até ter dificuldades em reconhecer nossas buscas. Podemos até caminhar por vias perigosas e alienantes. Mas há sempre secretas buscas, que inquietam nosso coração. Queremos saber quem somos, por que estamos neste mundo, que sentido têm as escolhas que a vida exige de nós. Há anseios que apontam a sede de Deus.[1]

Mesmo tão ocupados com a sobrevivência, o sentido de estarmos neste mundo, de cumprir uma missão, nos leva a perguntar pela eternidade e pela existência do Criador. Quanto mais sensíveis

---

[1] Ibid., n. 4.

formos ao sentido de nossa existência e às razões que norteiam nossas escolhas, mais aptos estaremos para indagar sobre a presença de Deus em nossa vida. As situações nas quais a vida nos coloca, além de despertar a sede de Deus, também provoca o diálogo em busca de respostas.

A oportunidade para anunciar o querigma se abre, justamente, quando fazemos as perguntas pelo sentido das realidades que nos cercam. Deus nos busca e nos socorre na situação difícil que atravessamos de dor, luto, doença, desilusões, violência, perseguição... O que nos impõe descobrir a revelação do Deus providente que nos ampara, alimenta, cura, reconcilia, restitui a paz...

Podemos partir da sensibilidade de fé, da abertura religiosa, naturalmente presente nas pessoas, ou dos acontecimentos e situações que as envolvem, e dali ajudá-las a sentirem a presença e ação salvadoras de Deus.

A fé, além de curar, perdoar, consolar... tem como primeira missão nos colocar em contato com a salvação em Jesus Cristo. Ao passarmos pela experiência crítica de nossos limites, sejam eles quais forem, e depois de provar a total falta de forças, recobramos o alento sem sabermos de onde veio. Aí sim temos a convicção de que vimos Deus, tocamos a orla do seu manto e somente por ele conseguimos sair do fundo do poço. Cada experiência de vida nos conduz em direção ao mistério; cada desejo faz eco de um desejo fundamental que jamais será plenamente satisfeito. Em vários momentos de nossa vida "experimentamos" Deus.

As doenças e as necessidades imediatas sempre nos acompanharão, mas o que é definitivo é a graça manifestada em nosso Senhor. Em João 3,14, Jesus oferece água viva à Samaritana: "[e quem] beber da água que eu lhe der nunca mais terá sede, pois a água que eu lhe der tornar-se-á nele fonte de água jorrando para a vida eterna". O Evangelho é a fonte que emana o sentido da vida.

Hoje, abre-nos a grande tarefa de ajudar as pessoas a ler a manifestação de Deus em suas vidas; o que significa falar de Deus a partir do sofrimento e das inquietações humanas sempre em busca de superação. "O cristão sabe que o sofrimento não pode ser eliminado, mas pode adquirir um sentido: pode tornar-se ato de amor, entrega nas mãos de Deus que não nos abandona e, desse modo, ser uma etapa de crescimento na fé e no amor."[2] Trata-se de conferir o sentido para a vida além do consumo incansável e da dispersão do pensamento causado pelo acúmulo das atividades diárias, para encontrar aquele que pode preencher o coração humano.

Estabelecer um olhar de fé sobre os acontecimentos que tecem a própria história ou a de uma pessoa é uma sabedoria que se alcança com a oração, o conhecimento bíblico e a frequência na comunidade eclesial. Temos noção das situações inéditas a que somos chamados a discernir: distintos modelos familiares, afirmação da homoafetividade, mobilizações sociais, defesa de direitos, preconceitos, novos campos de trabalho... A experiência de Deus que as pessoas fazem nas situações mais contrastantes da vida torna-se a matéria-prima de nosso anúncio. Daí a necessidade de ouvir e ajudá-las a interpretar sua vida sob o olhar da fé, ao mesmo tempo que também testemunhamos a nossa fé junto a elas.

Encontro

A pessoa de Jesus é irresistível. E quando, interiormente, sentimos que o Senhor nos fala, nos dirige o seu olhar, torna-nos impossível não sermos seu amigo e ter uma atitude de compromisso com ele. Mas, antes de qualquer iniciativa nossa, é o Espírito Santo quem prepara este encontro e o revela em nosso interior. Sua graça sempre nos antecede e impulsiona nosso coração para reconhecer Jesus Cristo como o caminho da verdade, da bondade e da suma beleza.

---

[2] FRANCISCO I. *Encíclica Lumen Fidei*. São Paulo: Paulinas, 2013. n. 56.

Essa foi a maravilhosa experiência daqueles primeiros discípulos que, encontrando Jesus, ficaram fascinados e cheios de assombro ante a excepcionalidade de quem lhes falava, diante da maneira como os tratava, coincidindo com a fome e sede de vida que havia em seus corações.³

Quando, de fato, nossa consciência busca a verdade, imediatamente ela o reconhece, porque o mesmo Espírito Santo que gerou Jesus no seio da Virgem Maria também o engendra em nosso coração. Jesus nasce no coração de quem crê porque o Espírito Santo revela Cristo ao mundo.

Daí, é natural concluir este ponto citando o Papa Bento XVI: "não se começa a ser cristão por uma decisão ética ou uma grande ideia, mas pelo encontro com um acontecimento, com uma Pessoa, que dá novo horizonte à vida e, com isso, uma orientação decisiva".⁴

Mais que anunciar verdades, o Papa Francisco nos anima a aproximar as pessoas que procuram Jesus de Nazaré, de modo que a fé cristã seja antes de tudo uma experiência espiritual com o Evangelho.

---

³ DAp, n. 244.
⁴ CNBB. *Iniciação à vida cristã*, n. 58, citando o DAp, n. 12.

Essa sensibilidade se aprimora e se concretiza no confronto da revelação com os acontecimentos da vida, o que vai gerar, de fato, uma pessoa de fé.

"O importante é cultivar a mística do encontro, fazendo com que nossos interlocutores, a exemplo da mulher da Samaria, sejam auxiliados não tanto a ouvirem e falarem *sobre* Deus, mas sim a ouvirem e falarem *com* Deus (Jo 4,25-26)."[5] A Samaritana, após conversar com Jesus, saiu convencida de que encontrara o Senhor, e por isso anunciou aos seus conterrâneos a verdade que conhecera. "Vinde ver. Não será ele o Cristo?" (Jo 4,29). "Aproximar-se de Jesus e 'vê-lo' é momento fundamental, indispensável, para a adesão amadurecida a ele. Não há outro caminho, a não ser o encontro pessoal, para tê-lo como Senhor. Isso valeu para aqueles samaritanos e continua valendo para nós hoje."[6]

A cultura do encontro se opõe à cultura fragmentada e dispersiva, marcada pelo individualismo, pela autossuficiência e pelo narcisismo, que destrói o ser humano e os seus relacionamentos. Por isso, o Papa Francisco trata desta cultura como movimento da Igreja em sair para ir ao encontro do outro. O querigma é o anúncio que nos leva diretamente ao Senhor para que nos encontremos e conversemos com ele; para que isto seja possível, "certas atitudes do evangelizador ajudarão a acolher melhor o anúncio: proximidade, abertura ao diálogo, paciência, acolhimento cordial que não condena".[7]

Escutar, dialogar

Como Jesus e a Samaritana, estaremos sempre prontos para favorecer o encontro do Evangelho com os novos interlocutores marcados por experiências e convicções plurais, próprias de uma sociedade

---

[5] Ibid., n. 57.
[6] Ibid., n. 31.
[7] *Evangelii Gaudium*, n. 165.

em convulsão. "As barreiras existentes entre judeus e a Samaritana levavam a esperar mais desencontro que diálogo. Mas Jesus foi ao encontro da Samaritana e a tratou de modo a propor-lhe o dom de Deus."[8] Naquele encontro "tudo sugeria adversidade recíproca, pluralismo, diferença, contraste".[9]

Para superar essas barreiras, antes de tudo há que saber escutar para estabelecer o diálogo. "Essas pessoas têm *histórias diversas* e precisam ser ouvidas, assim como aconteceu entre Jesus e a Samaritana. Tal escuta tem também um valor pedagógico, para que redescubram o fascínio por Deus e por seu mistério, reconstruindo as relações com a Igreja."[10]

Estamos diante de uma nova situação que supõe gerar a fé no adulto. A maioria dos agentes de pastoral não está habituada a um formato pastoral tão exposto como um diálogo, que a qualquer momento pode ser truncado pela negativa ou objeções do interlocutor. Nossos hábitos pastorais têm mais a ver com explicações em que o interlocutor escuta, pelo menos, a parte central da exposição.

A carência de ser ouvido leva muitas pessoas ao desespero e ao sentimento arrasador de solidão no meio da multidão. O objetivo é oferecer uma conversa amiga nos momentos difíceis ou angustiantes que alguém esteja passando. A conversa se dá num clima de verdadeira confiança, fazendo desse momento uma ocasião para a pessoa desabafar seus problemas. "[O anúncio] deve ser feito numa atitude de amor e de estima a quem o escuta, com uma linguagem concreta e adaptada às circunstâncias."[11]

---

[8] CNBB. *Iniciação à vida cristã*, n. 154.
[9] Ibid., n. 16.
[10] Ibid., n. 223.
[11] Ibid., n. 108.

A força de uma proposta de primeiro anúncio não está no poder de convencer intelectualmente, mas no fato de *motivar um primeiro interesse pela pessoa de Jesus Cristo*. No encontro entre evangelizador e evangelizando acontece o diálogo, no qual é possível a transformação de ambas as partes.

> Quando o *diálogo vivo* deriva do Espírito de Deus, ele ultrapassa a mera relação entre perguntas e respostas. Pois o Espírito, o sopro de Deus, atua tanto no *evangelizador* como no *evangelizando*. Quando o evangelizador tem consciência da riqueza do que propõe, também aceita ouvir o evangelizando.[12]

Assim como Jesus, que, para dialogar com a Samaritana, teve de superar as barreiras para viabilizar o encontro, o papel do evangelizador como mediador, para além das perguntas e respostas, desentranha a ação criativa de Deus e ultrapassa a mera lógica humana para dar um sentido mais altruísta à vida.[13]

---

[12] Ibid., n. 3.
[13] Cf. ibid., n. 118.

Necessariamente, para o diálogo acontecer "concorre o Espírito, que instaura uma união entre o missionário e os ouvintes, tornada possível enquanto um e os outros, por Cristo, entram em comunhão com o Pai".[14] O evangelizador toma consciência de que não está sozinho, conta sempre com a ação do Espírito que age como *precursor* (vem antes, impulsiona) para que haja generosidade na resposta à Palavra.[15]

Com uma forte carga afetiva e testemunhal, o Documento n. 107 coleciona expressões como: sentido de vida, sede de Deus, abertura missionária, encontro, diálogo, acolhida... Elas oferecem as condições para o querigma ser anunciado. E para que de fato o anúncio se realize, há que convergir, de um lado, as inquietações das pessoas, seus questionamentos e problemas e, de outro, a disponibilidade e compreensão do evangelizador.

> Ir ao encontro das pessoas, desenvolver entranhas de misericórdia e de compaixão com a dor que sofrem, é o *primeiro passo* para ajudá-las a realizar a experiência de Deus em suas vidas.

---

[14] Ibid., n. 108.
[15] Cf. ibid., n. 100.

ANUNCIAR A BOA-NOVA

> Eis *o segundo passo do querigma: sentir-se acolhido pela ternura do abraço do Pai que supera o sofrimento.* Sejamos explícitos em anunciar a salvação por meio da pessoa, da missão e do destino de Jesus Cristo. *Somos herdeiros dessa graça se manifestarmos a mesma fé daqueles que a escutaram pela primeira vez.*

O amor de Deus é sempre o ponto inicial. Em João 3,16-17 encontramos a demonstração da amplitude do amor divino dedicado à humanidade: "Deus amou tanto o mundo que deu o seu Filho único para que todo aquele que nele crer não pereça, mas tenha a vida eterna. Pois Deus enviou o seu Filho ao mundo não para condenar o mundo, mas para que o mundo seja salvo por ele".

Toda a nossa fé se nutre na revelação da bondade, da misericórdia e do amor de Deus por nós. "Deus é amor" (Jo 4,16), isto é, amor que se difunde e se entrega. O dom que o Pai nos oferece em Cristo é o amor mais real que se possa imaginar, pois se trata da pessoa do Filho de Deus feito carne. O amor de Deus se manifesta plenamente à humanidade de forma pessoal e faz da vida e da morte de Jesus a grande revelação desse amor.[1]

Jesus é o enviado do Pai por excelência, pois armou sua tenda no meio de nós (Jo 1,14) para dar testemunho permanente do amor do

---

[1] Neste documento, os bispos alertam o evangelizador para que: "Ajude a superar as imagens negativas de Deus ou da Igreja, mostrando o Deus amoroso do Evangelho, que nunca desiste de nós e que só nos dá preceitos para que possamos viver melhor e crescer numa grande família de irmãos em apoio mútuo" (ibid., n. 163b).

Pai. "O conteúdo essencial do primeiro anúncio (querigma) trata da vida de Jesus de Nazaré, sua pessoa, mensagem e missão, e do seu momento culminante de morte e ressurreição (Páscoa)."[2]

À beira do poço com a Samaritana, Jesus lhe diz: "Sou eu que estou falando contigo" (Jo 4,26). O que antes para ela era esperança mal definida, agora é presença, é pessoa encontrada. "Ao ouvir a expressão 'Sou eu' certamente afloraram à sua mente as antigas experiências de libertação. Outrora Deus se apresentara como libertador (Ex 3,14: 'Eu sou...')."[3]

O anúncio comporta a grande revelação da pessoa do Senhor que transformou nossa vida e igualmente transforma o coração de quem dele se aproxima. Assim, nos descobrimos como a família dos filhos de Deus dispersos, agora congregada no Amor e capaz de superar o entrave do egoísmo, da vaidade, do orgulho, do ódio e da violência destruidora.

O mistério de Cristo

Vamos ter presente que Deus quis revelar o seu mistério e nos fazer participantes dele. O hino da *Carta aos Efésios* nos fala da grande manifestação do *mistério* – da decisão inabalável do Pai de salvar o mundo em seu Filho Jesus. *Este é o projeto do Pai, portanto, este é o mistério.*

> Ele (o Pai) nos fez conhecer o *mistério* de sua vontade, segundo o plano benevolente que formou desde sempre em Cristo, para realizá-lo na plenitude dos tempos: reencabeçar tudo em Cristo. Em Cristo fomos feitos seus herdeiros. Nele recebemos a marca do Espírito Santo prometido, que é a garantia da nossa herança (1,9-11b.13b-14a).

---

[2] Ibid., n. 41.
[3] Ibid., n. 30.

Aquele que estava em Deus e era Deus se fez visível, se manifestou em nossa história, fez-se um de nós para ser solidário com o nosso destino. Esse mistério de Deus é mais que um segredo, uma verdade ou uma doutrina; sobretudo, é o maior acontecimento deste mundo.

O termo "mistério", no Novo Testamento, não indica em primeiro lugar um segredo intelectual, mas a ação salvadora de Deus na história. Antes de ser uma verdade ou uma doutrina, o "mistério" é um acontecimento realizado na história e oferecido como salvação a todos os seres humanos.[4]

Esta é a motivação central do querigma, Jesus Cristo é um acontecimento presente e vivo em nossa história e se oferece como salvação para toda pessoa que o aceita. Realmente, o mistério de Cristo não é constituído de conceitos e palavras, mas é a ação salvadora que realiza em nosso favor.

> Tudo o que precisamos conhecer de Deus e seu mistério encontramos na pessoa de Jesus. Nele [...] se faz presente o mistério do Reino de Deus. Ele está a serviço desse Reino. Por sua vida, palavras e ações, por sua doação total na cruz e gloriosa ressurreição, ele revela ao mundo o amor e o projeto de salvação do Pai que ama a todos.[5]

O anúncio do plano salvador do Pai realizado em Cristo coloca-nos como participantes dele, nos afeta diretamente porque, na medida que o aceitamos, os atos salvadores de Cristo nos transformam nele. Ele cura os leprosos, expulsa os demônios, perdoa os pecadores, abençoa as crianças... Os sinais que realiza comprovam que ele é o Messias e que o Reino de Deus se realiza em sua pessoa.

---

[4] Ibid., n. 83.
[5] Ibid., n. 87.

A missão de Jesus é anunciar indistintamente a todos a nova realidade instaurada: "o Reino de Deus chegou". Oferecida pessoal e gratuitamente, a Boa-Nova constitui o maior tesouro que guardamos, o qual nem a morte é capaz de roubá-lo; ao contrário, é o passaporte para vencermos o mal e alcançarmos a eternidade da plena comunhão com o Senhor.

Jesus na sinagoga de Nazaré, ao proclamar a profecia de Isaías 61,1; 29,18, diz claramente o que implica o anúncio da Boa-Nova: "O Espírito do Senhor está sobre mim, pois ele me ungiu, para anunciar a Boa-Nova aos pobres: enviou-me para proclamar a libertação aos presos e, aos cegos, a recuperação da vista; para dar liberdade aos oprimidos e proclamar um ano aceito da parte do Senhor" (Lc 4,18-19). A Boa-Nova é, justamente, essa série de ações que a tornam um acontecimento de graça na vida de quem a abraça. A plenitude humana requer a superação de toda cegueira e prisão que tolhem a liberdade e a capacidade de nos realizarmos com autonomia e dignidade.

Jesus proclamou várias vezes que nele se cumpriam as promessas de Deus: "Hoje se cumpriu esta passagem da Escritura que acabastes de ouvir" (Lc 4,21). A palavra de Cristo era sempre eficaz: dizia e fazia, curava, ressuscitava, acalmava tempestades, multiplicava pães.

Memorial da salvação

Querigma é pregão, anúncio da Boa-Nova. Todas as vezes que proclamamos um texto da Sagrada Escritura, fazemos ecoar no tempo a ação salvadora de Deus. A fé é alimentada pela descoberta e pela memória do Deus sempre fiel, que guia a história e que é o fundamento seguro e estável sobre o qual construir a própria vida. Os judeus chamam isso de memorial, uma palavra que possui o grande significado de fazer referência ao passado, envolver o presente mediante o compromisso da celebração, da conversão, da fé, do louvor. A memória bíblica abraça todo o conjunto de acontecimentos do passado em que se encontram comprometidos Deus e o povo. Ambos se fazem presentes renovando essa relação e projetando esse acontecimento para o futuro.[6]

A memória dos acontecimentos salvadores de Deus gera esperança, força de luta, resistência no sofrimento e abre perspectivas para o futuro.

---

[6] Cf. LATORRE, Jordi. *Modelos bíblicos de oração*: herança do Antigo Testamento na Liturgia. São Paulo: Paulinas, 2011. p. 69.

Como aconteceu com Zaqueu, o qual se converteu e levou Jesus a proclamar: "Hoje a salvação entrou nesta casa", ou mediante a fé do bom ladrão, que clamou pela salvação, e Jesus lhe declarou: "Hoje, estarás comigo no paraíso". a memória bíblica torna atual o acontecimento salvífico para aqueles que acolhem o dom de Deus em suas vidas. Por isso, podemos agora reconhecer essa Palavra dirigida diretamente a nós: "Levanta-te [...] e anda" (Jo 5,8); "teus pecados te são perdoados" (Mc 2,9). Como para o filho da viúva da cidade de Naim: "Jovem, eu te digo, levanta-te" (Lc 7,14), o mesmo disse à filha de Jairo (Mc 5,41).

Esse anúncio é proposto à aceitação daquele que escuta não como fato passado, mas plenamente atual, capaz de inserir o ouvinte na continuidade da única história da salvação, conduzida durante o tempo da Igreja pelo mesmo Espírito Santo. Pelo nome de Jesus se faz atual a obra da salvação que comunica sua vitória de Senhor ressuscitado e fonte do Espírito Santo.

A Palavra age, converte e produz o que promete. Essa eficácia, própria dela, nos autoriza a pregar sem medo de exageros, porque é ela quem age, sem depender diretamente de nossa santidade. Claro que nosso testemunho confere credibilidade às nossas palavras. Mas, em primeiro lugar, a eficácia é da Palavra.

Vamos ajudar as pessoas a tomarem consciência da chegada do Reino, do anúncio inadiável das promessas do Senhor que quer resgatar o oprimido pela dor, devolver a paz ao coração atribulado e, sobretudo, ser a fonte de sentido para uma vida de luta contra as injustiças e todos os preconceitos. É hora de pegar com as duas mãos a oferta de salvação que nos é apresentada, sem mérito nenhum de nossa parte, pois é pura gratuidade do Senhor, que não quer a morte do pecador, e sim que ele se converta e viva! (cf. Ez 18,23).

Paulo tinha um conceito muito denso dessa Palavra: "Eu não me envergonho do Evangelho; ele é força de Deus para a salvação de todo aquele que crê" (Rm 1,16); e afirma a respeito dos fiéis de Tessalônica: "Por esta razão é que sem cessar agradecemos a Deus por terdes acolhido sua Palavra, que vos pregamos não como palavra humana, mas como na verdade é, a Palavra de Deus que produz efeito em vós, os fiéis" (1Ts 2,13).

Amou até o fim

O Novo Testamento apresenta a cruz de Cristo como o sinal de um mistério que revela até onde chega o amor de Deus pela humanidade. Sobre a cruz Deus se revela salvador, em plena experiência de sofrimento e de morte. Diante desse amor incomensurável, os cristãos passam a enxergar na cruz o símbolo máximo de doação e entrega para o outro. Contrariamente ao que se pode pensar, na cruz de Cristo, o amor de Deus se revela em plenitude. Por isso, torna-se um sinal de salvação e de fascínio para aquele que realmente ama e encontra na cruz o sentido para o seu sofrimento.

> O anúncio tem por objeto Cristo crucificado, morto e ressuscitado: por meio d'Ele se realiza a plena e autêntica libertação do mal, do pecado e da morte; n'Ele Deus dá a "vida nova", divina e eterna. É esta a "Boa-Nova", que muda o homem e a história da humanidade, e que todos os povos têm o direito de conhecer.[7]

Encontrar-se com o Senhor, mesmo tendo a perseguição e a cruz diante dos olhos, leva a nos sentir atraídos por seu amor que não decepciona nem atraiçoa quem dele experimenta. No caminho de Jesus, a cruz é o desenlace do seu amor sem precedentes: "Antes da festa da Páscoa, sabendo Jesus que tinha chegado a sua hora, hora de passar deste mundo para o Pai, tendo amado os seus que estavam no mundo, amou-os até o fim" (Jo 13,1).

---

[7] CNBB. *Iniciação à vida cristã*, n. 108.

A vitória da ressurreição

O mistério pascal engloba o binômio: morte e vida. A morte não pode ser o desfecho final da prática do Filho de Deus neste mundo. "Se Cristo não ressuscitou, vazia é a nossa pregação, vazia é também a nossa fé" (1Cor 15,4). Onde a maldade e a violência desabaram sobre o Senhor, a última palavra não será esta. Se, por um lado, a sentença do mundo contra o Senhor decretou sua morte na cruz, por outro, o Pai devolve a vida a seu Filho, que a retoma livremente, e o Espírito Santo a vivifica e glorifica. A Palavra final do Pai será sempre de ressurreição, como aconteceu com a vitória de Cristo sobre a morte e sobre todos os poderes contrários à vida humana.

A ressurreição do Senhor traz uma grande consequência para a vida do discípulo: o sofrimento e o mal deste mundo não têm a decisão final sobre o destino humano. Para o seguidor de Jesus, as contrariedades e toda sorte de violência e injustiça foram subjugadas, definitivamente, pela vitória da cruz, pela misericórdia do Pai que resgatou seu Filho. Sua ressurreição é a garantia de que, em Cristo, alcançamos a vida plena e, com ele, somos igualmente vitoriosos sobre toda a maldade deste mundo e herdeiros da vida eterna. Nada nos poderá separar da vida e do amor em Cristo, nem o maior sofrimento, nem mesmo a morte.

A força da ressurreição é o novo movente da história e o fundamento de nossa fé, pois Jesus sai vitorioso do embate contra o mal de seus perseguidores e de toda a maldade do mundo. A ressurreição de Jesus é a palavra definitiva do Pai em favor do ser humano, pois, em Jesus, todos fomos salvos.

Cristo está na glória do Pai, aonde tem levado a nossa humanidade, representada pelo seu corpo, pela sua existência, pela sua dor, pela sua morte e agora pelo brilho de sua ressurreição. Através de Cristo e com ele, que escancarou os caminhos do infinito e do eterno, também a nossa humanidade está orientada para Deus e para a vida plena e perfeita. "O querigma é trinitário. É anúncio de que: Jesus Cristo, enviado pelo Pai, ama e dá sua vida para salvar, e agora vive conosco todos os dias, pelo Espírito Santo, para iluminar, fortalecer, libertar."[8]

Pode-se dizer que o coração dos apóstolos realmente mudou, quando eles passaram pela experiência de Pentecostes. Cheios do Espírito Santo, perceberam a unidade que havia na pregação de Jesus, nos seus milagres e nos vários momentos de sua vida. "Por aí passou a formação progressiva de novos discípulos. Nesse processo, contavam sempre com a ação do Espírito Santo presente no testemunho de vida dos que já faziam parte das comunidades cristãs."[9]

O Espírito Santo inspira os cristãos de hoje que celebram e pregam a Palavra. Ele faz com que a palavra escrita se torne Palavra viva hoje e aqui. Essa é uma convicção que provém da própria revelação. Jesus prometeu que o Espírito conduziria os crentes à verdade plena: "Essas coisas vos disse [...] mas o Espírito Santo que o Pai enviará em meu nome, vos ensinará tudo e vos recordará tudo o que vos disse" (Jo 14,25-26); "o Espírito vos guiará na verdade plena" (Jo 16,13).

Por isso, a palavra de Jesus é sempre eficaz. A palavra já era qualificada desde o Antigo Testamento como "dabar", palavra eficaz e poderosa. Disse e se fez: "Porque ele diz e a coisa acontece" (Sl 33,9). A palavra humana, se for séria, é eficaz e duradoura: uma promessa ("eu te prometo"), uma afirmação, uma permissão ("sim, pode fazer"), uma proibição, continuam tendo força enquanto não forem retiradas.

A Palavra bíblica de Deus não é só um veículo para transmitir ideias ou conhecimentos, mas também uma palavra criadora, que provoca, interpela e convida. É Palavra que penetra, fecunda, anima, discerne, julga, estimula. Quando Deus "bendiz", ou seja, "diz

---

[8] Ibid., n. 59.
[9] Ibid., n. 41.

bem", sua Palavra é efetiva, é salvadora, porque quem age é o seu Espírito Santo.

Centrar-se na mensagem das leituras

Sem dar voltas, sejamos os primeiros anunciadores deste amor diante de tudo aquilo que o Senhor nos deu ao longo da vida. Sejamos diretos e convictos em anunciar a Palavra que opera hoje a salvação de Deus em nosso meio em favor daquele que o acolhe. Vamos nos centrar na mensagem da passagem que foi proclamada. Não tanto em seus detalhes, mas em sua intenção central e nos valores que está propondo. O que devemos fazer é apresentar o aspecto principal da passagem, qual é o plano salvador de Deus tal como nela se revela, como Deus agiu e como as pessoas responderam, qual é a mensagem concreta que o profeta, ou Paulo, ou o próprio Jesus queriam destacar com suas palavras.

O principal é sempre o que Deus está querendo nos dizer, a Boa-Nova que se cumpre em Cristo Jesus. O que Deus fez na história, o que continua fazendo agora e como quer que lhe respondamos.

Desta forma, a partir das leituras, apresentamos o Cristo entregue, crucificado, morto, mas depois ressuscitado e glorificado, exaltado por Deus Pai. E, em seu nome, anunciamos a salvação a todos. Não devemos nos demorar nos aspectos mais científicos da origem do mundo ou da criação do homem e da mulher, ou no número e origem exatos dos magos que vieram adorar o Messias em Belém.

As passagens bíblicas, à parte de suas circunstâncias históricas e sociais, têm uma mensagem, uma intenção salvífica, que é a que deve ser projetada sobre a vida de hoje, às vezes como estímulo, outras como denúncia.

Quem está anunciando deve ter clara consciência de que está, antes de mais nada, "a serviço da Palavra". Por isso, deve deixar que "a Palavra fale", pois ela tem força em si mesma. Tem que sentir e mostrar que sua homilia ou suas explicações não são tão importantes quanto a própria Palavra. Não somos donos da Palavra, mas seus servidores. Não a podemos ocultar, nem calar, nem empobrecer, mas transmiti-la aos fiéis com toda a pedagogia possível; porém, sobretudo, com fidelidade à própria Palavra.

A atitude de obediência à Palavra se expressa simplesmente tendo na mão o texto que se acaba de proclamar. Ter na mão o livro sagrado, ler dele as frases centrais, apelar a ele para insistir nas enumerações ou nos argumentos que já foram escutados dos lábios do profeta, ou de Paulo, ou do próprio Jesus serve, sobretudo, ao próprio pregador para reconhecer que não é ele o protagonista, mas que a Palavra o é. E também aos fiéis, porque veem que o pregador está se baseando, tanto para as suas palavras otimistas como para as exigentes, não em seu próprio gosto ou humor, mas naquilo que disse a Palavra.

CONVERTER O CORAÇÃO

> O terceiro passo busca a conversão inicial, por meio da qual a pessoa se sente chamada a afastar-se do pecado e a mergulhar no mistério do amor de Deus.[1] O querigma reitera a promessa de graça, aplicando-a aos ouvintes para suscitar-lhes a firme adesão a Jesus Cristo, Caminho, Verdade e Vida.

O princípio de conversão coincide com o desejo de mudar de vida e de relacionar-se pessoalmente com Deus na oração. A iniciativa divina deverá encontrar eco no coração humano. Na conversa de Jesus à beira do poço, o evangelista João faz entrar a temática dos maridos da Samaritana (cf. Jo 4,16): "O confronto com o passado, a partir do encontro com Jesus, requer outra direção, quanto ao hoje e ao futuro. É preciso mudança de vida".[2]

Tal mudança está estreitamente ligada à vontade da pessoa de encontrar uma outra maneira de viver, de dar novo sentido à sua vida. "A Iniciação à Vida Cristã requer a decisão livre da pessoa. Pela obediência da fé a pessoa se entrega inteira e livremente a Deus e lhe oferece a adesão total de sua inteligência e vontade."[3]

---

[1] Cf. RICA, n. 10.
[2] Ibid., n. 26.
[3] Ibid., n. 95.

O primeiro anúncio da salvação em Cristo ressalta a ação transformadora da graça em nós. Diante da qual, caberá àquele que escuta: aceitar ou negar esta realidade. "Eis que estou à porta e bato; se alguém ouvir minha voz e abrir a porta, eu entrarei na sua casa e tomaremos a refeição, eu com ele e ele comigo" (Ap 3,20). Para estabelecer uma estreita relação de amizade, o amor do Senhor busca a correspondência de nossa parte. Ter fé em Deus não é questão de simplesmente considerar "verdadeira" uma afirmação teológica, mas sim de entrar nesse relacionamento pessoal com Deus.

No entanto, tenhamos presente que a graça do amor do Pai precede nossa iniciativa de ir ao seu encontro. Assim como o pai misericordioso que se adiantou ao pedido de perdão do filho ingrato: "Quando ainda estava longe, seu pai o avistou e foi tomado de compaixão". E antes que o filho dissesse qualquer coisa, o pai "correu-lhe ao encontro, abraçou-o e o cobriu de beijos" (Lc 15,20). No anúncio do querigma, igualmente a ação do Espírito é precursora (vem antes, impulsiona); "é graça benevolente e transformadora que nos precede e nos cumula com os dons divinos do Pai, em Cristo, pelo Espírito".[4]

---

[4] Ibid., n. 91, e cf. ibid., n. 100.

Para acolher este dom, a pessoa deverá pôr em ação o seu coração, sua inteligência e sua maneira de viver.

Muito além de princípios morais a serem observados, a fé cristã é o encontro transformador com Jesus Cristo que nos faz superar o egoísmo e o orgulho para vivermos numa relação filial, firmada na misericórdia, na providência, no perdão do Pai. Por isso, o Papa Francisco nos alerta: "A centralidade do *querigma* requer [...] que exprima o amor salvífico de Deus como prévio à obrigação moral e religiosa".[5]

A fé comporta esse movimento de abertura do coração num dar-se, confiar-se, entregar-se a ele. Crer é entregar a própria vida, é abandonar-se nas mãos do Pai numa atitude de profunda, total e extrema confiança: "Pai, em tuas mãos entrego o meu espírito" (Lc 23,46).

Compreendemos que ter fé significa entrar na órbita da revelação do projeto de Deus, levado a efeito por seu Filho Jesus Cristo. Antes de tudo, acolhemos o amor ou a graça que nos envolve, pois a nossa conversão é precedida pelo desejo de Deus de nos salvar das armadilhas dos gananciosos do mundo. Sentir-se filho de Deus, tocado por sua graça, é o sentimento mais terno e convincente que podemos ter.

"A Iniciação à Vida Cristã é a participação humana no diálogo da salvação. Somos chamados a ter uma relação filial com Deus. Com ela, o iniciando começa a caminhada para Deus, que irrompe em sua vida, dialoga e caminha com ele."[6] Assim como Deus se comunicou por sinais e acontecimentos em sua Palavra revelada, da mesma forma ele continua a se revelar para nós. Esse diálogo supõe a liberdade que nasce da aliança entre as duas partes envolvidas: Deus e o ser humano.

---

[5] *Evangelii Gaudium*, n. 165.
[6] Ibid., n. 96.

O encontro da graça preveniente de Deus com a resposta afirmativa do ser humano estabelece a aliança ou o pacto. "O acolhimento do *mistério* da pessoa de Jesus exige a participação, fiel e responsável, na vida e missão da comunidade eclesial, fazendo escolhas éticas coerentes com a fé cristã."[7]

A *Parábola da semente* (Mt 13,1-23) nos ajuda a entender o movimento de aliança entre as duas partes. Precisamos ser a terra boa, macia e pronta para receber a semente da Palavra, o que mostra a necessidade de nossa atitude de escuta da Palavra e adesão à vontade do Senhor.

Jesus nos ensina que o seu seguidor necessita desenvolver algumas atitudes básicas: "O que caiu em terra boa são aqueles que, ouvindo com um coração bom e generoso, conservam a Palavra e dão fruto pela perseverança" (Lc 8,15). Três palavras-chave resumem a condição de ser discípulo de Jesus: *ouvir, guardar, frutificar*. Aquele que segue o Senhor faz brotar a semente à medida que ouve a Palavra e a coloca em prática.

Lucas vai pintar os traços da figura de Maria Santíssima. Mostra que ela tem exatamente as qualidades que caracterizam o seguidor

---

[7] Ibid., n. 84.

de Jesus. Maria ouve a Palavra de Deus com fé, guarda no coração e a põe em prática.[8] "Eis a escrava do Senhor, faça-se em mim segundo a tua palavra" (Lc 1,38); "Sua mãe guardava todas estas coisas no coração" (Lc 2,51b).

Acolher pela fé a salvação em Cristo significa participar da vida nova que o Ressuscitado inaugurou para nos libertar das amarras do pecado. O Reino, colocado ao alcance do ser humano por meio de Jesus Cristo, implica "arrependimento" ou "conversão", que nesse contexto significa mudança pessoal e comunitária de tudo que não combina com sua proposta. Jesus inaugura um novo modo de as pessoas se relacionarem, pois agora o Reino de Deus foi inaugurado. Neste Reino não há lugar para o mal e todas as suas manifestações. Ele veio para que todos tenham vida (cf. Jo 10,10).

> A vida de Jesus transformou de tal modo essas mulheres e esses homens que, aos poucos, foram compreendendo que a salvação cristã é vida concreta, existência quotidiana, de relação pessoal com Deus e com os irmãos e irmãs. É, também, libertação do pecado, das injustiças e das limitações humanas.[9]

O primeiro anúncio visa à conversão e mudança porque produz um novo sentido para a vida a partir da pessoa do Senhor. É o princípio de *interação* entre fé e vida posto em ação.[10] "Responsabilidade e compromisso são respostas efetivas à dinâmica da qual o iniciante toma consciência e adere na liberdade. Sendo assim, cada interlocutor e toda comunidade tornam-se atentos aos sinais dos tempos, em busca das respostas necessárias a situações existenciais e sociais."[11]

---

[8] Cf. MURAD, Afonso. *Maria, toda de Deus e tão humana*. São Paulo: Paulinas/Siquem, 2004. pp. 33-34. (Livros Básicos de Teologia, n. 8.2).

[9] CNBB. *Iniciação à vida cristã*, n. 40b.

[10] CNBB. *Catequese renovada*, nn. 113, 116, 163 e 311.

[11] CNBB. *Iniciação à vida cristã*, n. 135.

A fé, cultivada na oração e na escuta da Palavra na comunidade, nos predispõe a ver as coisas de um modo diferente! Sobretudo, passamos a viver unidos com Jesus Cristo que nos dá uma grande alegria e uma enorme força para lutar, buscando sempre o essencial em nossa vida. A Palavra viva, Jesus Cristo, gera sentido de vida, otimismo e esperança, porque nos ama, nos revela o amor do Pai e é realização desse amor ao entregar sua vida por nós. Tantas coisas neste mundo nos decepcionam, menos a convicção inabalável do amor do Senhor por nós.

A condição de vida nova é própria daqueles que "praticam a fraternidade e o amor ao próximo e [querem] ir sempre mais adiante no caminho de Jesus: 'No próprio coração do Evangelho, aparecem a vida comunitária e o compromisso com os outros. O conteúdo do primeiro anúncio tem uma repercussão moral imediata, cujo centro é a caridade'".[12]

---

[12] Ibid., n. 156.

INICIAÇÃO CRISTÃ E QUERIGMA

O *Ritual de Iniciação Cristã de Adultos* (RICA) contempla o pré-catecumenato como primeiro tempo no caminho de formação da fé do adulto. A tônica desse tempo consiste, na prática: na acolhida do candidato, no anúncio do querigma e na conversão dos costumes.[1] O Documento n. 107 estendeu essas características para toda a paróquia. Por isso, o que tratamos até agora se aplicará mais propriamente a toda forma de catequese.

O RICA coloca-se como exemplo inspirador de toda forma de iniciação e tem como interlocutores prioritários do primeiro anúncio: os "*adultos* que não passaram pelo processo de Iniciação à Vida Cristã; aí estão incluídos os que, embora batizados, se afastaram da Igreja ou que se apresentam com formação insuficiente".[2] Também, "o primeiro anúncio dirige-se a pessoas que desejam acolher livremente a mensagem cristã".[3]

Não está prevista a duração de um tempo determinado para esta fase; o importante é que, do fruto dessa "evangelização realizada com o auxílio de Deus, brotem a fé e a conversão inicial, pelas quais a pessoa se sinta chamada do pecado para o mistério do amor de Deus". Dessa evangelização, a qual se dedica todo o tempo do

---

[1] O tema deste capítulo foi amplamente abordado no livro: NUCAP. *Querigma*: a força do anúncio. São Paulo: Paulinas, 2014. pp. 82-94.
[2] CNBB. *Iniciação à vida cristã*, n. 163; há a repetição no n. 222.
[3] Ibid., n. 162.

pré-catecumenato, busca-se alcançar o objetivo: "que se amadureça a vontade sincera de seguir o Cristo e pedir o Batismo".[4]

O RICA prevê para este tempo que:

> os candidatos já possuam os rudimentos da vida espiritual e os fundamentos da doutrina cristã, a saber: a fé inicial adquirida no tempo do "pré-catecumenato", o princípio de conversão e o desejo de mudar de vida e entrar em relação pessoal com Deus em Cristo; já tenham, portanto, certa ideia da conversão, o costume de rezar e invocar a Deus, e alguma experiência da comunidade e do espírito dos cristãos.[5]

Na mentalidade deste *Ritual*, essas experiências, disposições e conhecimentos do candidato serão cultivados antes de começarem as catequeses propriamente ditas. Portanto, surge o ministério do introdutor: "Homem ou mulher, que conhece o candidato, o ajuda e é testemunha de seus costumes, fé e desejo".[6]

Este introdutor, por sua vez, já fez a experiência do encontro com o Senhor, tornou-se seu discípulo e se acha a caminho, ou seja, não é uma pessoa pronta ou perfeita no discipulado, mas participa da comunidade cristã e deseja que outros participem da alegria de seguir o caminho. Por isso, anunciam o querigma.[7]

Muitos podem perguntar-se onde encontraremos pessoas capacitadas para serem introdutoras na fé? Estas pessoas já estão e atuam em nossa comunidade de maneira espontânea. Talvez falte, de nossa parte, reconhecimento e uma forma de lhes dar maior visibilidade para o exercício de seu ministério.

---

[4] *Ritual de Iniciação Cristã de Adultos*, n. 10.
[5] Ibid., n. 15.
[6] Ibid., n. 42.
[7] Cf. CNBB. *Iniciação à vida cristã*, n. 159.

Podemos nos lembrar de pessoas que amam Jesus e sua Igreja de tal forma que, mesmo sem estar numa turma de catequese, sabem acolher, orientar na fé e inserir na comunidade. De certa forma, elas conduzem outros à vida de fé. Então, se elas têm este dom de introduzir pessoas na vida cristã, podemos chamá-las de introdutoras.

No processo de iniciação de adultos, o introdutor é alguém mais experiente na vida de fé que, partilhando sua própria experiência com o candidato, vai ajudá-lo a estabelecer uma relação pessoal com Deus e com a comunidade. Anuncia o querigma, auxilia na descoberta pessoal da Boa-Nova e acompanha o processo de conversão.

"Além da formação doutrinal e bíblica, (os introdutores) devem ter sensibilidade para ser verdadeiros companheiros do iniciando que estiverem orientando."[8] Também o ajudará a dar os primeiros passos na vida de comunidade e o acompanhará no crescimento de sua oração. Fundamentalmente é alguém próximo que escuta, acompanha e testemunha a grandeza e a força da fé na vida da pessoa.

Como foi acenado no terceiro capítulo,

> Introdutores e catequistas precisam considerar a situação de cada um dos candidatos à Iniciação à Vida Cristã, tendo "as situações históricas e as aspirações autenticamente humanas como primeiros sinais a que se deve prestar atenção para descobrir o desígnio de Deus sobre os homens".[9] Isso somente será possível em uma relação de proximidade, cordialidade e escuta.[10]

Esta condição constitui o necessário ponto de partida para estabelecer o diálogo e anunciar a palavra de fé em perfeita coerência com o princípio mestre da catequese: a interação fé e vida.[11] "Esse

---

[8] Ibid., n. 160.
[9] MEDELLÍN. *Documento sobre a Catequese*, n. 8.
[10] CNBB. *Iniciação à vida cristã*, n. 161.
[11] Cf. ibid., n. 135.

conhecimento deve estar ligado à vida, com suas alegrias e problemas, que devem ser iluminados pelo conteúdo da nossa fé."[12]

Já fomos acostumados, com certa naturalidade, a saber ler a Palavra em nossa vida, a partir dos fatos cotidianos, e a encontrar nela a esperança no sofrimento, o otimismo diante dos fracassos e a resistência na luta. A análise da realidade permite discerni-la à luz da fé e captar a presença de Deus na história. Os sinais dos tempos tornam-se um lugar de revelação de Deus.

Atitudes do introdutor ao longo do acompanhamento

O acompanhamento dos primeiros passos desses adultos em direção à fé, por aquele que se predispõe a fazer o papel de introdutor, deverá ser personalizado.[13] Será aquele amigo que conversará particularmente com o candidato, escutará sua história de vida, seus anseios e projetos,[14] posto que há necessidade de habilitar os agentes para que escutem e saibam discernir a experiência de fé das pessoas e as ajudem a dar passos de amadurecimento. "Por isso, é importante desenvolver a consciência sobre a necessidade deste ministério nas comunidades da Igreja no Brasil."[15]

Precisamos resgatar a prática de acompanhar pessoalmente cada cristão que deseja ser iniciado na fé. Pouco se tem feito nesse sentido e nem sempre se consegue fugir do atendimento de massas. É preciso personalizar a formação, caso contrário, o resultado dificilmente será a inserção na Igreja. No meio do caminho aparecem muitas dúvidas e preocupações, há angústias e esperanças e muitas

---

[12] Ibid., n. 178.
[13] Cf. ibid., n. 160.
[14] Cf. ibid., n. 223.
[15] Ibid., n. 160.

alegrias que precisam ser partilhadas; por isso, a função do introdutor é fundamental.

Eis o elenco de algumas atitudes a serem desenvolvidas pelo introdutor:

a) assumir atitudes de escuta cordial e fraterna com o candidato acompanhado;

b) interessar-se pela vida e pelo mundo dele: o que ele diz, suas dúvidas e inquietudes; mais ainda: com carinho e caridade, corrigirá alguns conceitos confusos e inadequados que o candidato venha a manifestar ao longo das conversas (verdades de fé não esclarecidas sobre Deus, expressões imprecisas sobre a vida cristã);

c) acolher sem preconceitos as suas experiências religiosas e motivações. Conversar com ele com simplicidade, de modo informal e sem moralismos;

d) não se esquecer dos momentos orantes do encontro, seja no início, seja no final. Sobretudo, aplicar amplamente a espiritualidade dos Salmos (podemos cantar ou rezar os Salmos do domingo próximo ao encontro);

e) lembrar-se, nos momentos de oração, dos familiares dele, especialmente dos que passam por dificuldades e das pessoas conhecidas da comunidade, pois o candidato deve ser educado para a sensibilidade comunitária, da qual ele já é um membro amado.

Enfim, introdutores e catequistas tudo farão para que os catequizandos sintam-se amados por Deus, acolhidos pela comunidade e motivados a iniciar o itinerário. Quanto mais personalizado for o acompanhamento, mais sólido será o início do processo catecumenal.

TESTEMUNHO DE UM PAPA

O Papa Paulo VI cuidou da Igreja de 1963 a 1978. Foi um grande Papa, inteligente e fiel à missão que recebera de suceder a São Pedro. Um de seus escritos expressa o que significa Jesus Cristo na vida do cristão:

> É ele o centro da história e do universo. Ele nos conhece e ama, o companheiro e o amigo em nossa vida, o homem das dores e da esperança. Ele é quem de novo virá, para ser o nosso juiz, mas também – como confiamos – a eterna plenitude da vida e nossa felicidade.
>
> Jamais cessarei de falar sobre ele. Ele é a luz, é a verdade, mais ainda, é o caminho, a verdade e a vida. É o pão e a fonte de água viva, saciando a nossa fome e a sede. É o pastor, o guia, o modelo, a nossa força, o nosso irmão. Assim como nós, mais até do que nós, ele foi pequenino, pobre, humilhado, trabalhador, oprimido, sofredor. Em nosso favor falou, fez milagres, fundou novo reino onde os pobres são felizes, onde a paz é a origem da vida em comum, onde são exaltados e consolados os de coração puro e os que choram, onde são saciados os que têm fome de justiça, onde podem os pecadores encontrar perdão e onde todos se reconhecem irmãos.
>
> Vede, este é o Cristo Jesus, de quem já ouvistes falar, em quem muitíssimos de vós já confiam, pois sois cristãos. A vós, portanto, ó cristãos, repito seu nome, a todos o anuncio: Cristo Jesus é o princípio e o fim, o alfa e o ômega, o rei do mundo novo, a misteriosa e suprema razão da história humana e de nosso destino. É ele o mediador e como que a ponte entre a terra e o céu. É ele, o Filho do homem, maior e mais perfeito do que todos por ser o eterno, o infinito, Filho de Deus e Filho de Maria, bendita entre as mulheres, sua mãe segundo a carne, nossa mãe pela comunhão com o Espírito do Corpo místico.

Jesus Cristo, não vos esqueçais, é a nossa inalterável pregação. Queremos ouvir seu nome até os confins da terra e por todos os séculos dos séculos!¹

---

¹ PAULO VI. Homilia em Manila, 29/11/1970. In: *Liturgia da Horas*. São Paulo: Paulinas e coeditores, 1996. v. III, pp. 376-377.

ENSINO
A DISTÂNCIA
com a qualidade Paulinas

Querigma

O conteúdo deste livro está disponível no formato de Ensino a Distância (EAD).

Acesse e conheça:
www.paulinascursos.com

Rua Dona Inácia Uchoa, 62
04110-020 – São Paulo – SP (Brasil)
Tel.: (11) 2125-3500
http://www.paulinas.com.br – editora@paulinas.com.br
Telemarketing e SAC: 0800-7010081